AF234850

Impressum
Verlag: BABADADA GmbH, Nedderfeld 112 , 22529 Hamburg
Geschäftsführer / Verlagsleitung: Harald Hof
Druck: Books on Demand GmbH, In de Tarpen 42, 22848 Norderstedt

Imprint
Publisher: BABADADA GmbH, Nedderfeld 112 , 22529 Hamburg, Germany
Managing Director / Publishing direction: Harald Hof
Print: Books on Demand GmbH, In de Tarpen 42, 22848 Norderstedt

مکتب

escola

صنف درسی
classe
تقسیم کردن
dividir
186/2
تخته
tauler
pati (de l'escola)
معلم
professor
کاغذ
paper
نوشتن
escriure
خودکار
estilogràfica
میز کار
escriptori
خط کش
regle
کتاب
llibre
شاگرد
estudiant

بیگ مکتب

bossa

قلم دانی

estoig

پنسل

llapis

پنسل تراش

maquineta de fer punta

پنسل پاک

goma

کتابچه رسم

bloc de dibuix

نقاشی

dibuix

برس رنگ زنی

pinzell

بکسک رنگه

capsa de pintures

قیچی

tisores

سریش

cola

کتاب تمرین

quadern d'exercicis

کار خانگی

deures

12

عدد

nombre

2+2

جمع کردن

afegir

5-2

تفریق کردن

sostreure

2×2

ضرب کردن

multiplicar

حساب کردن

calcular

A

حرف

lletra

ABCDEFG HIJKLMN OPQRSTU VWXYZ

الفبا

alfabet

hello

کلمه

mot

متن

text

خواندن

llegir

تباشیر

guix

درس

lliçó

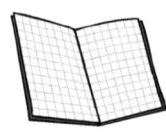

ثبت نام

llibre de classe

امتحان

examen

تصدیقنامه

certificat

یونیفورم مکتب

uniforme escolar

تحصیل

formació

دانشنامه

enciclopèdia

پوهنتون

universitat

مایکروسکوپ

microscopi

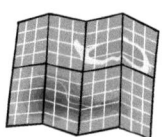

نقشه

mapa

سبد کاغذ باطله

paperera

هtel
hotel

ليليه
alberg

ROOMS

دفتر صرافی
oficina de canvi

EXCHANGE

بيگ سفری
maleta

موتر
automòbil

زبان
....
llengua

بلی / نخير
....
sí / no

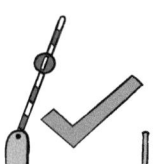

بسيار خوب
....
D'acord

سلام
....
Ey!

مترجم
....
traductora

تشكر از شما
....
gràcies

قیمتش چقدر است؟

Quant costa… ?

نمی فهمم

No entenc

مشکل

problema

عصر بخیر! / شب بخیر!

Bona nit!

صبح بخیر!

bon dia!

شب بخیر!

bona nit!

خداحافظ

fins aviat

مسیر

direcció

بار مسافر

bagatge

بیگ

bossa

بیگ پشتکی

sarrona

مهمان

convidat

اطاق

cambra

بستره خواب سیار

sac de dormir

خیمه

tenda

سفر - viatge

معلومات توریستی

oficina de turisme

ساحل

platja

کریدیت کارت

carta de crèdit

صبحانه

esmorzar

طعام چاشت

dinar

غذای شام

sopar

تکت

bitllet

لفت

ascensor

مهر

segell

مرز

frontera

گمرک

duana

سفارتخانه

ambaixada

ویزه

visat

پاسپورت

passaport

حمل و نقل

transport

طیاره
vol
کشتی
vaixell
موتر اطفاییه
automòbil dels bombers
بس
bus
لاری
camió
قایق موتوری
llanxa de motor
موتر
automòbil
بایسکل
bicicleta

کشتی
....
transbordador

قایق
....
barca

موترسایکل
....
moto

موتر پولیس
....
automòbil de policia

موتر مسابقه
....
automòbil de curses

موتر کرایی
....
automòbil de lloguer

اشتراک وسایط

vehicle compartit

جرثقیل

grua

موتر حمل زباله

camió de les escombraries

موتور

motor

تیل

benzina

تانک تیل

benzineria

علامت ترافیکی

senyal de trànsit

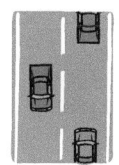

عبور و مرور

trànsit

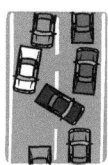

راهبندان

embús

پارک وسایط

aparcament

ایستگاه ریل

estació de trens

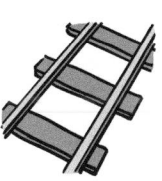

خط ریل

vies

ریل

tren

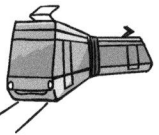

ریل برقی

tramvia

واگن

vagó

هلیکوپتر

helicòpter

میدان هوایی

aeroport

برج

torre

مسافر

passatger

کانتینر

contenidor

کارتن

capsa de cartó

گادی

carretó

سبد

cistella

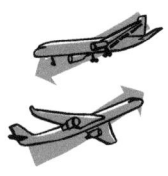

پرواز کردن / فرود آمدن

enlairar-se / aterrar

شهر

ciutat

قریه

poble

تیاتر شهر

centre de la ciutat

خانه

casa

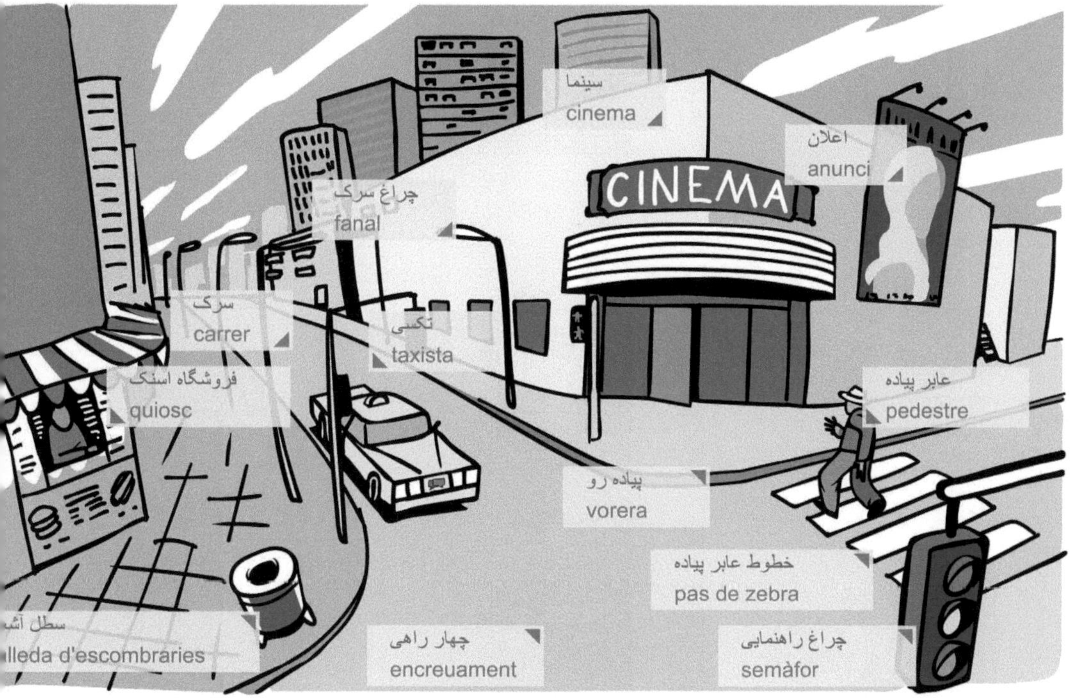

سینما
cinema

اعلان
anunci

چراغ سرک
fanal

سرک
carrer

تکسی
taxista

فروشگاه اسنک
quiosc

عابر پیاده
pedestre

پیاده رو
vorera

خطوط عابر پیاده
pas de zebra

سطل آش
lleda d'escombraries

چهار راهی
encreuament

چراغ راهنمایی
semàfor

کلبه
cabana

آپارتمان
apartament

ایستگاه ریل
estació de trens

تالار شهر
casa de la vila-ciutat

موزیم
museu

مکتب
escola

شهر - ciutat

پوهنتون

universitat

بانک

banca

شفاخانه

hospital

هوتل

hotel

دواخانه

farmàcia

دفتر

oficina

کتابفروشی

llibreria

مغازه

botiga

گل فروشی

floristeria

سوپر مارکیت

supermercat

فروشگاه

mercat

فروشگاه

gran magatzem

ماهی فروشی

peixateria

مرکز خرید

centre comercial

بندر

port

پارک

parc

دراز چوکی

banc

پل

pont

زینه ها

escala

مترو

metro

تونل

túnel

ایستگاه بس

parada d'autobús

میخانه

bar

رستورانت

restaurant

صندوق پست

bústia de correu

علامت سرک

senyal indicador

ماشین پارکو متر

parquímetre

باغ وحش

zoo

حوض آببازی

piscina

مسجد

mesquita

مزرعه

granja

آلوده گی

pol·lució

قبرستان

cementiri

کلیسا

església

میدان بازی

parc infantil

معبد

temple

چشم انداز

paisatge

برگ
fulla

لوحه
cartell indicador

راه
camí

علفزار
prat

سنگ
pedra

درخت
arbre

کوهنورد
excursionista

دریا
riu

علف
gespa

گل
flor

دره

vall

تپه

muntanya

دریاچه

llac

جنگل

bosc

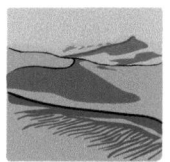

صحرا

desert

آتشفشان

volcà

قلعه

castell

رنگین کمان

arc de Sant Martí

سمارق

bolet

درخت آلو

palmera

پشه

moscard

مگس

mosca

مورچه

formiga

زنبور

abella

عنکبوت

aranya

قانغوزک

escarabat

بقه

granota

موش خرما

esquirol

خارپشت

eriçó

خرگوش صحرایی

llebre

بوم

òliba

پرنده

ocell

مرغابی

cigne

خوک وحشی

senglar

گوزن

cervo

گوزن شمالی

ant

بند آب

presa

توربین بادی

turbina

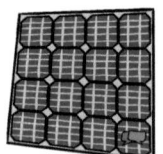

صفحه خورشیدی

panell solar

آب و هوا

clima

رستورانت

restaurant

پیشخدمت
cambrer
مینوی غذا
menú
چوکی
cadira
سوپ
sopa
پیتزا
pizza
قاشق و پنجه و کارد
coberts
روی میزی
tovalla

پیش غذا

primer plat

غذای اصلی

plat principal

شرینی

darreries

نوشیدنی ها

begudes

غذا

menjar

بوتل

ampolla

فاست فود

menjar ràpid

غذای کنار سرک

menjar de carrer

چاینک/ترموز

tetera

قندانی

sucrer

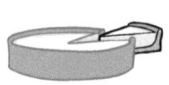

بخش غذا

porció

دستگاه اسپرسو

màquina d'espresso

چوکی بلند

trona

بل

factura

پطنوس

plata

چاقو

ganivet

پنجه

forqueta

قاشق

cullera

قاشق چای خوری

cullereta

دستپاک دسترخوان یا میز

tovalló

گیلاس

got

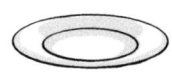

بشقاب

plat

بشقاب سوپ

plat de sopa

نعلبکی

plateret

چتنی

salsa

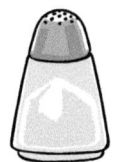

نمکدان

saler

آسیاب مرچ

molinet de pebre

سرکه

vinagre

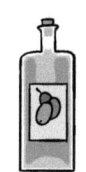

روغن خوراکی

oli

ادویه

espècies

کچاپ

quètxup

ساس خردل

mostassa

مایونز

maionesa

supermercat

پیشنهاد خاص
oferta especial
FOR
مشتری
client
لبنیات
productes lactis
میوه
fruites
چرخ دستی
carret de la compra

قصابی

carnisseria

نانوایی

forn de pa

وزن کردن

pesar

سبزیجات

verdures

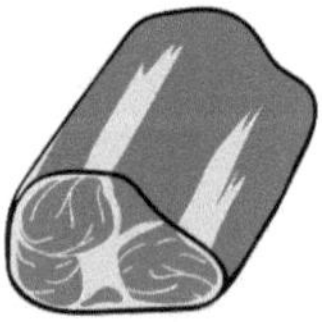

گوشت

carn

غذای منجمد

menjar congelat

غذای سرد

carn freda

غذای کنسر شده

conserves

پودر رختشویی

detergent en pols

شیرینی

dolços

لوازم خانگی

articles domèstics

محصولات پاک کننده

productes de neteja

فروشنده

venedora

دخل پیسه

caixa registradora

صندوقدار

caixera

لست خرید

llista de la compra

ساعات کاری

horari d'obertura

بکسک جیبی

portamonedes

کریدیت کارت

carta de crèdit

بیگ

bossa

بیگ پلاستیکی

bossa de plàstic

نوشیدنی ها

begudes

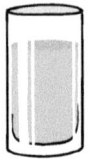

آب

aigua

جوس

suc

شیر

llet

نوشابه

coca-cola

شراب

vi

بیر

cervesa

الکول

alcohol

ککو

cacau

چای

te

قهوه

cafè

اسپرسو

espresso

کاپوچینو

cappuccino

menjar

کیله

banana

سیب

poma

مالته

taronja

تربوز

síndria

لیمو

llimona

زردگ

pastanaga

سیر

all

چوب خیزران

bambú

پیاز

ceba

سمارق

bolet

مغزیات

avellanes

آش

fideus

مکرونی

espaguetis

برنج

arròs

سلاد

amanida

چیپس

patates fregides

کچالو سرخ کرده

patates fregides

پیتزا

pizza

همبرگر

hamburguesa

ساندویچ

entrepà

کتلت

escalopa

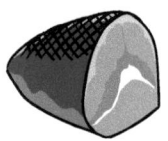

همبرگر

cuixot

سالامی

salami

ساسج

salsitxa

مرغ

pollastre

کباب

rostit

ماهی

peix

فرنی جو
....
flocs de civada

صبحانه رژیمی
....
musli

کورن فلکس
....
cereals

آرد
....
farina

کروسانت
....
croissant

قرص نان
....
panet

نان خشک
....
pa

توست / نان بریان
....
torrada

بیسکیت
....
bescuits

مسکه
....
mantega

چکه
....
mató

کیک
....
pastís

تخم مرغ
....
ou

تخم مرغ سرخ شده
....
ou fregit

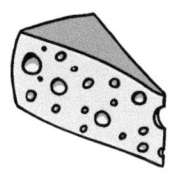

پنیر
....
formatge

آیسکریم

gelat

شکر

sucre

عسل

mel

مربا

melmelada

مسکه چاکلیت

crema de xocolata

زردچوبه هندی

curri

خانه مزرعه
granja

خرمن گاه
bala de palla

گودام غله
graner

زمین زراعتی
camp

اسب
cavall

تریلر
remolc

کره اسب
poltre

تراکتور
tractor

خر
ase

گوسفند
ovella

بره
xai

بز
cabra

گاو
vaca

گوساله
vedella

خوک
porc

خوکچه
garrí

گاو نر
bou

قاز

oca

مرغابی

ànec

چوچه مرغ

poll

مرغ

gall

خروس

gallina

موش صحرایی

rata

پیشک

gat

موش

ratolí

گاومیش

bou

سگ

gos

خانه سگ

gossera

خانه باغ

mànega de regar

آبپاش

regadora

داس

dalla

قولبه کردن

arada

داس

falç

کج بیل

aixada

چنگال باغبانی

forca

تبر

destral

کراچی

carretó

تغار

abeurador

قوطی شیر

lletera

بوجی

sac

دیوار مرزی از چوب یا سیم خار دار

tanca

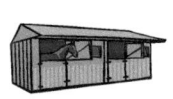

پایدار

establa

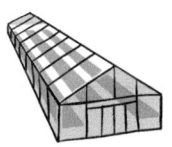

گلخانه

hivernacle

خاک

sòl

تخم

llavor

کود

adob

ماشین درو وخرمنکوبی

collidora

درو کردن

collir

درو

collita

کچالو شرین

nyam

گندم

blat

سویا

soja

کچالو

patata

جواری

blat de moro o d'indi

کلزا

colza

درخت میوه

arbre fruiter

مانیوک

mandioca

غلات و حبوبات

cereals

خانه

casa

دودکش
fumera
پشت بام
teulada
آب رو
canaló
کلکین
finestra
گراج
garatge
زنگ دروازه
campana
دروازه
porta
سطل زباله
galleda de les escombraries
صندوق نامه
bústia de correu
باغچه
jardí

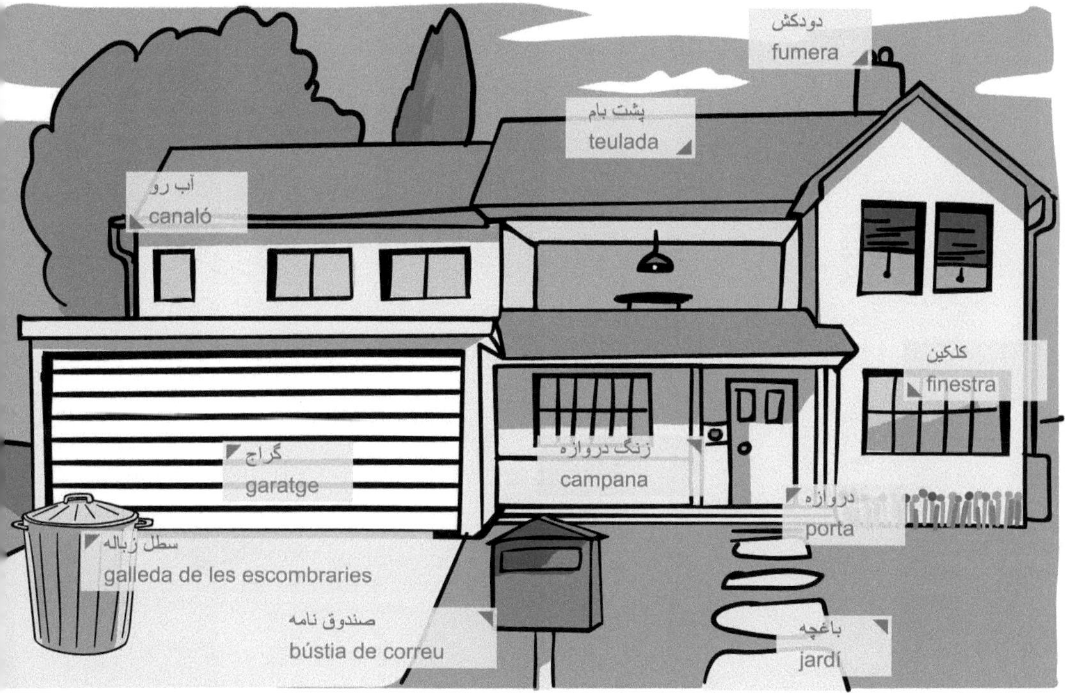

اطاق نشیمن
....
sala d'estar

حمام / دستشویی
....
bany

آشپزخانه
....
cuina

اطاق خواب
....
cambra de dormir

اطاق اطفال
....
cambra de nen

اطاق پذیرایی
....
menjador

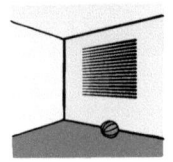

کف زمین

sòl

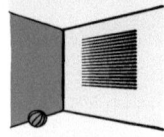

دیوار

paret

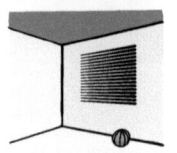

سقف

sostre

گودام زیر زمینی

soterrani

سونا

sauna

بالکن

balcó

برنده / بالکن

terrassa

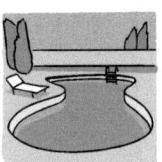

حوض

piscina

ماشین درو کردن چمن

tallagespa

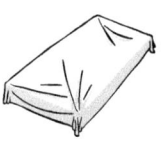

ورق کاغذ

vànova

روجایی

cobrellit

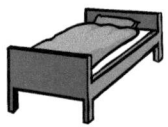

تختخواب

llit

جارو

escombra

سطل

galleda

سویچ

interruptor

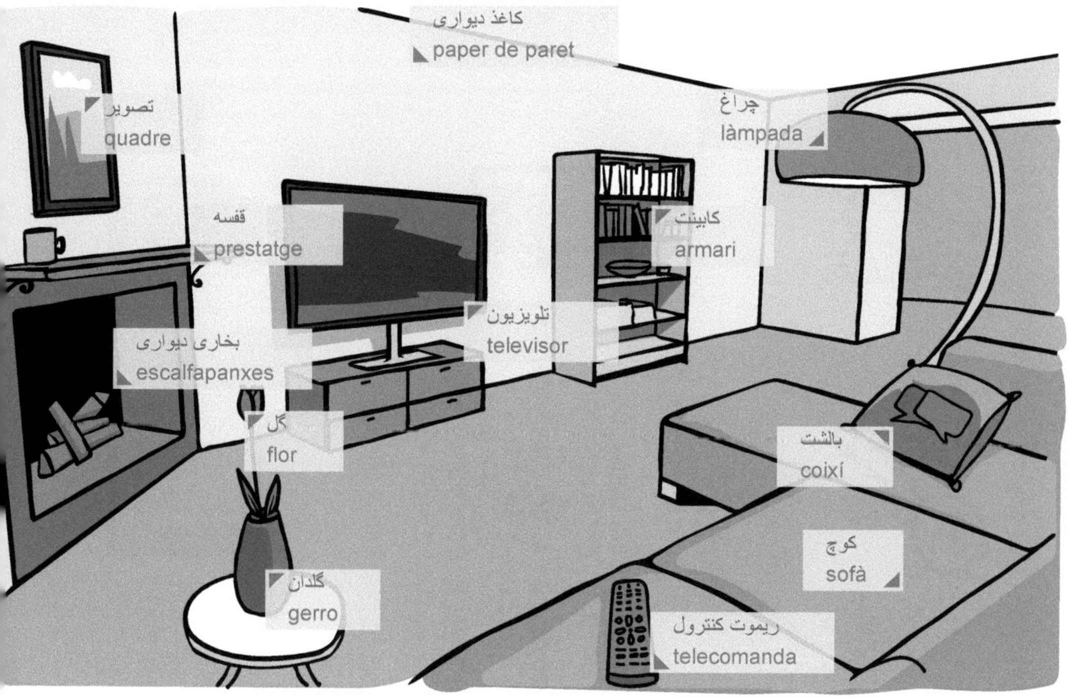

كاغذ دیواری
paper de paret

تصویر
quadre

چراغ
làmpada

قفسه
prestatge

كابینت
armari

بخاری دیواری
escalfapanxes

تلویزیون
televisor

گل
flor

بالشت
coixí

كوچ
sofà

گلدان
gerro

ریموت کنترول
telecomanda

فرش
catifa

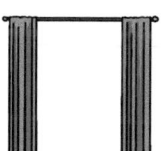

پرده
cortina

میز
taula

چوکی
cadira

چوکی گهواره یی
cadira gronxadora

چوکی دسته دار
cadiral

کتاب

llibre

کمپل

llençol

دکوراسیون

decoració

هیزم

llenya

فلم

film

سیستم های فای

cadena de música

کلید

clau

روزنامه

diari

تابلوی نقاشی

pintura

پوستر

cartell

رادیو

ràdio

دفتر

bloc de notes

جاروبرقی

aspiradora

کاکتوس

cactus

شمع

candela

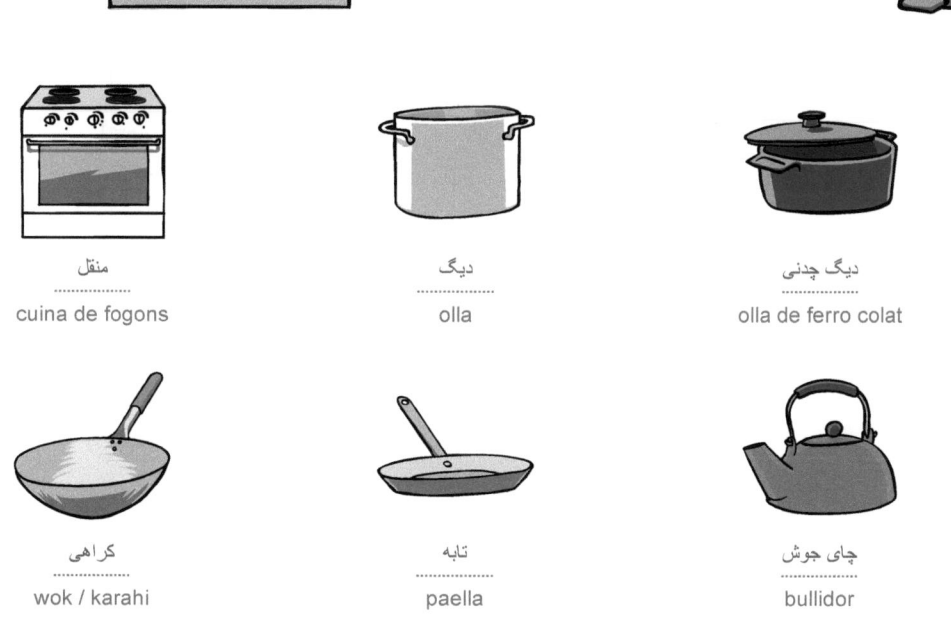

آشپزخانه

cuina

یخچال
refrigerador
منقل مایکروویو
microones
balança de cuina
تستر
torradora
مواد شوینده
detergent per a plats
داش
forn
یخ دانی
congelador
سطل زباله
galleda de les escombraries
ظرفشویی
rentaplats

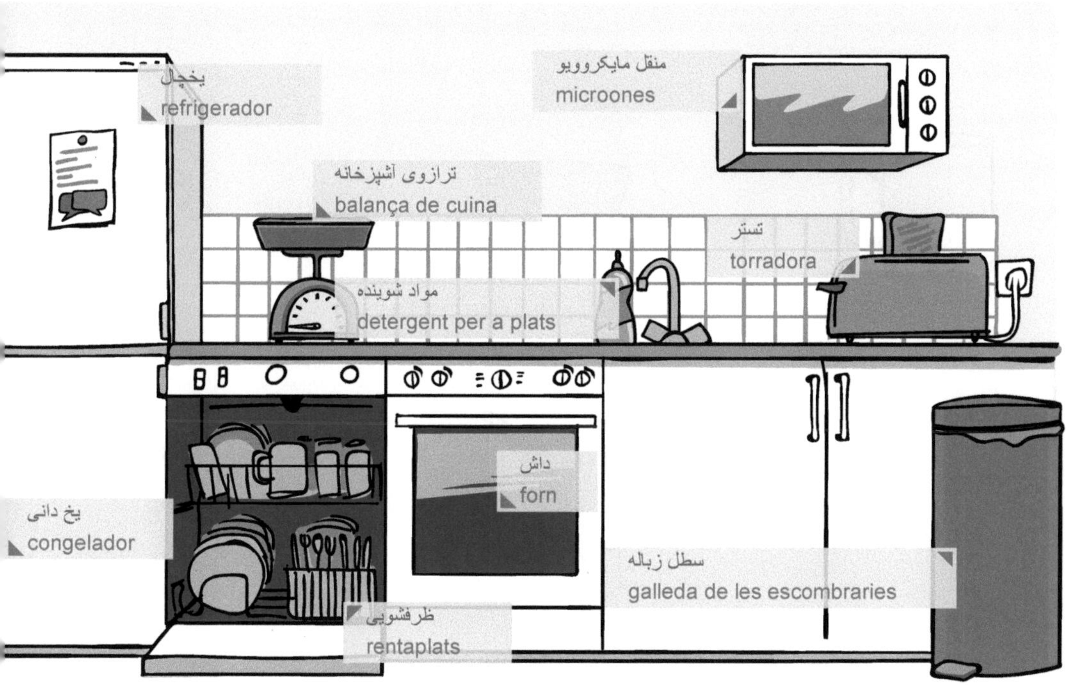

منقل

cuina de fogons

دیگ

olla

دیگ چدنی

olla de ferro colat

کراهی

wok / karahi

تابه

paella

چای جوش

bullidor

بخارپز

olla de vapor

پطنوس طباخی

plata de forn

ظروف

vaixella

پیاله کلان

tassa grossa

کاسه

bol

چاپستیک ها

bastonets xinesos

ملاقه

culler

کفگیر

espàtula

مخلوط کننده

batedor

چلو صاف

colador

غلبیل

sedàs

رنده

ratllador

هاونگ

morter

بار بیکیو

barbacoa

آتش باز

foc a terra

تخته برش

taula de tallar

آشگز

corró

سر بازکن

llevataps

قوطی

pot de conserva

سر باز کن

obridor

دستگیره تکه ای

agafador

ظرف شویی

aigüera

برس ظرف شویی

raspall

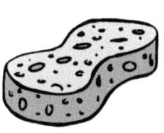

اسفنج

esponja

مخلوط کن

batedora

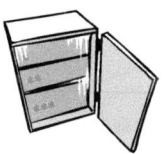

فریزر

congelador

شیر چوشک اطفال

biberó

نل آب

aixeta

حمام / دستشویی

bany

شاور
dutxa
گرم کننده
calefacció
جان پاک
tovallola
پرده حمام
cortina de dutxa
حمام کف
bany de bombollles
تب حمام
banyera
گیلاس
got
ماشین لباسشویی
rentadora
aixeta
کاشی
rajoles
پات اطفال
orinal
ظرف شویی
aigüera

تشناب

lavabo

کمود فرشی

lavabo turc

کمود

bidet

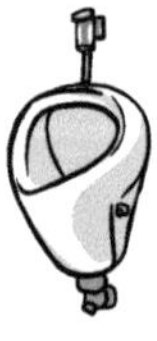

تشناب مرد ها

orinador

کاغذ تشناب

paper higiènic

برس کمود

escombreta de sanitari

برس دندان

raspall de dents

کریم دندان

pasta de dents

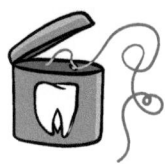

نخ دندان

fil dental

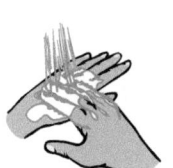

شستن

rentar

شاور دستی

pom de dutxa

شاور کمود

dutxa íntima

دستشویی

rentamans

برس پشت

raspall per a l'esquena

صابون

sabó

جل حمام

gel de dutxa

شامپو

xampú

لیف

manyopla de bany

آب رو

bonera

کریم

crema

بوزدا

desodorant

آینه

mirall

آینه دستی

mirall-espill de mà

ریش تراش

maquineta de rasar

کف ریش تراشی

espuma de barbejar

کلونیا

loció post-rasada

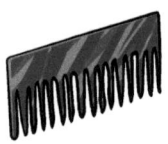

شانه موی

pinta

برس

raspall

سشوار

eixugador

اسپری مو

laca

آرایش

maquillatge

لب سرین

pintallavis

رنگ ناخن

esmalt d'ungles

پشم پنبه

cotó

ناخن گیر

tallaungles

عطر

perfum

كيسه شستشو
estoig de bellesa

چوکی چار پايه
tamboret

ترازوی وزن
bàscula

جان پاک
barnús

دستکش پلاستیکی
guants de goma

تامپون
compresa higiènica

کوتکس
compresa

تشناب سيار
sanitari químic

اطاق اطفال

cambra de nen

ساعت زنگ دار
despertador
گدی های نرم
animal de peluix
موتر سامان بازی
auto de joguina
جرنگانه
sonall
خانه گدی
casa de nines
هدیه
present

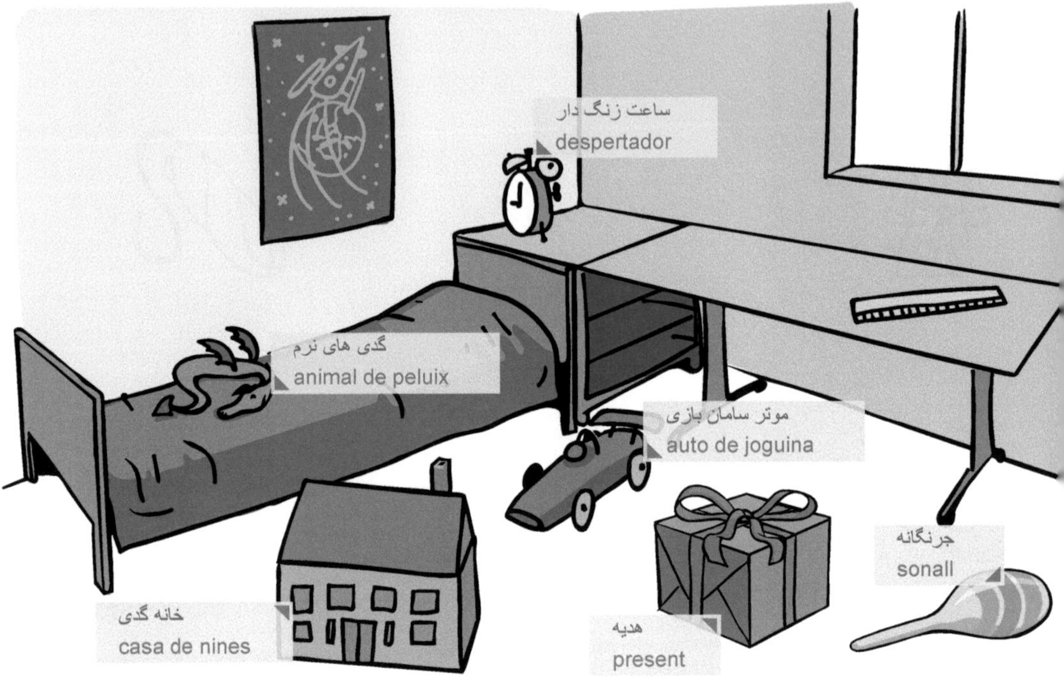

پوقانه

baló

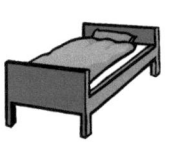

تختخواب

llit

ریکشه اطفال

cotxet per a nens

قطعه بازی

joc de cartes

پازل

trencaclosca

خنده آور

historieta

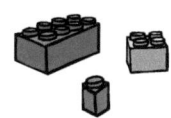

خشت های لگو

peces de lego

بلوک های سامان بازی

peces de construcció

پچه فلم

ninot d'acció

لباس طفل

granota

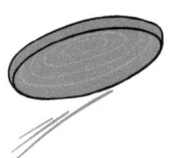

فریزبی

frisbee

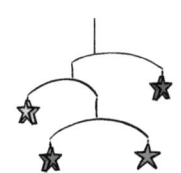

سامان بازی که روی تخت خواب اطفال
اویزان می شود

mòbil per a bressol

بازی تخته یی

joc de taula

تاس

daus

ریل اسباب بازی

tren elèctric

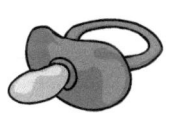

چوشک

xumet

مهمانی

festa

کتاب تصویری

llibre de dibuixos

توپ

pilota

گدیگک

nina

بازی کردن

jugar

جعبه ریگ

sorrera

گاز

gronxador

اسباب بازی

joguines

کنسول بازی کمپیوتری

consola de jocs de vídeo

سه چرخه

tricicle

خرس سامان بازی

osset de peluix

الماری لباس

armari

لباس

roba

جوراب

mitjons

جوراب دراز

mitges

برجس

mitja pantaló

چادر سر
tapacoll

چتری
paraigua

بلوز
camiseta

کمربند
cintura

بوت
botes

چپلک
plantofes

کرمچ
sabates d'esport

چپلی
sandàlies

بوت
sabates

موزه پلاستیکی
botes de goma

نیکر
calçonets

واسکت زنانه
sostenidor

واسکت
guardapits

بدن

jjustacòs

برزو

pantalons

پتلون کاوبای

jeans

دامن

faldeta

بلوز

brusa

پیراهن

camisa

یالان

jersei

جاکت کلاه دار

dessuadora

جاکت

blazer

چمپر

jaqueta

کورتی

mantell

کوت بارانی

impermeable

لباس مخصوص مراسم

vestit de dona

پیراهن

vestit de dona

لباس عروسی

vestit de núvia

دریشی
....
vestit d'home

لباس خواب
....
camisa de dormir

پاجامه
....
pijama

ساری
....
sari

چادر سر
....
mocador de cap

لنگی
....
turbant

چادری
....
burca

کفتان
....
caftan

چادر
....
abaia

لباس آببازی
....
vestit de bany

نیکر پاچه دار
....
calçon(et)s de bany

پتلون نصفه
....
pantalons curts

لباس ورزشی
....
xandall

پیش بند
....
davantal

دستکش
....
guants

دکمه

botó

عینک

ulleres

دستبند

braçalet

گردن بند

collaret

انگشتر

anell

گوشواره

orellera

کلاه پیک دار

casquet

کوت بند

penjador

کلاه

capell

نیکتایی

corbata

زیپ

cremallera

کلاه مصون

casc

بند تنبان

elàstics

یونیفورم مکتب

uniforme escolar

یونیفورم

uniforme

پیش بند

pitet

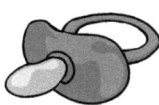

چوشک

xumet

پمپر

bolquer

دفتر

oficina

سرور
servidor
الماری اسناد
armari arxivador
پرینتر
impressora
کاغذ
paper
مانیتور
monitor
ماوس
ratolí
میز کار
escriptori
فولدر
arxivador
کیبورد
teclat
سبد کاغذ باطله
paperera
کمپیوتر
ordinador
چوکی
cadira

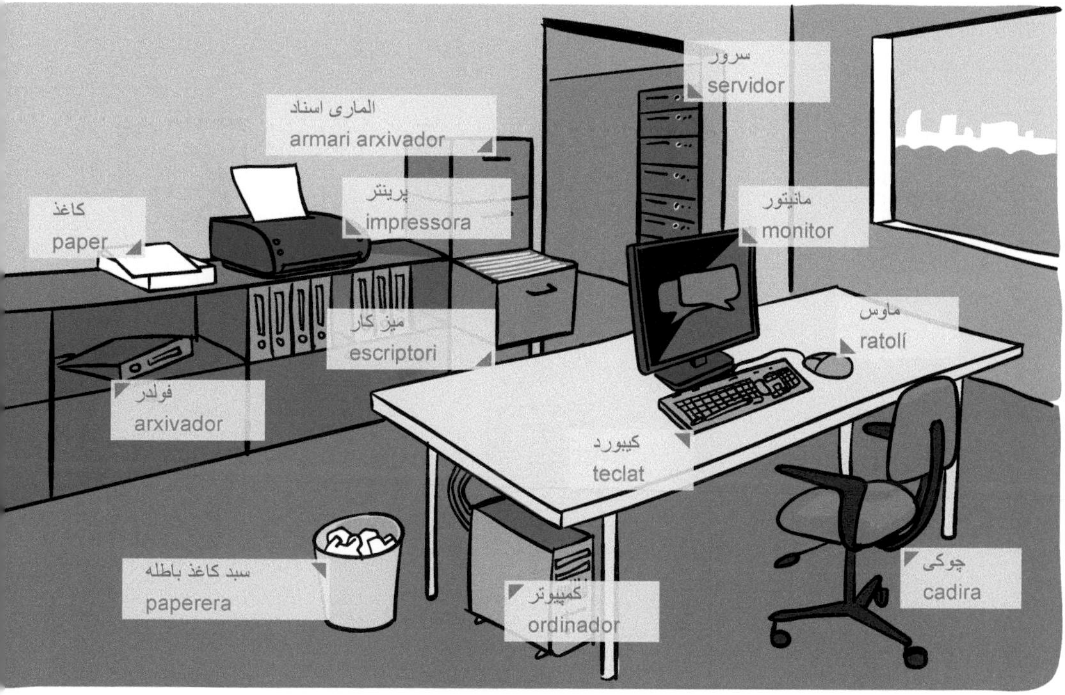

گیلاس قهوه

tassa de cafè

ماشین حساب

calculadora

اینترنت

Internet

لپ تاپ

ordinador portàtil

نامه

lletra

پیام

missatge

موبایل

mòbil

شبکه

xarxa

ماشین فوتوکاپی

fotocopiadora

نرم افزار

programari

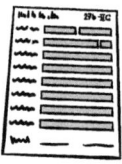

تلیفون

telèfon

پلک

presa de corrent

دستگاه فکس

fax

فورمه

formulari

سند

document

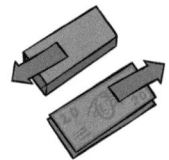

خرید کردن

comprar

پرداختن

pagar

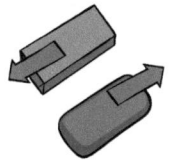

تجارت کردن

comerciar

پول

diners

دالر

dòlar

یورو

euro

ین

ien

روبل

ruble

فرانک سوئیس

franc suís

یوان رنمینبی

renminbi

روپیه

rupia

خودپرداز

caixa automàtica

دفتر صرافى

oficina de canvi

طلا

or

نقره

argent

نفت

petroli

انرژى

energia

قیمت

preu

قرارداد

contracte

مالیات

impost

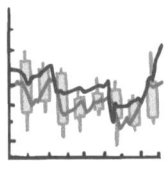

سهام

acció

کار کردن

treballar

کارمند

treballador

استخدام کننده

empresari

فابریکه

fàbrica

مغازه

botiga

شغل ها

oficis

افسر پولیس
oficial de policia
آتش نشان
bomber
آشپز
cuiner
داکتر
doctora
پیلوت
pilot

باغبان

jardiner

نجار

fuster

خیاط

costurera

قاضی

jutge

کیمیا دان

química

بازیگر

actor

راننده بس

conductor d'autobús

راننده تکسی

taxista

ماهیگیر

pescador

خدمه

dona de la neteja

سقف ساز

ensostrador

پیشخدمت

cambrer

شکارچی

caçador

نقاش

pintor

نانوا

forner

برقی

electricista

بنا

obrer de la construcció

انجنیر

enginyer

قصاب

carnisser

نلدوان

llanterner

پستچی

correu

سرباز

soldat

معمار

arquitecte

صندوقدار

caixera

گل فروش

florista

آرایشگر

perruquer

مامور تکت ریل

revisor

میخانیک

mecànic

کاپیتان

capità

داکتر دندان

dentista

دانشمند

científic

خاخام/ عالم یهودی

rabí

امام

imam

راهب

monjo

ملا

capellà

ابزار

eines

چکش
martell
پلاس
tenalles
پیچ کش
descaragolador
چراغ دستی
llanterna
رینچ
clau anglesa

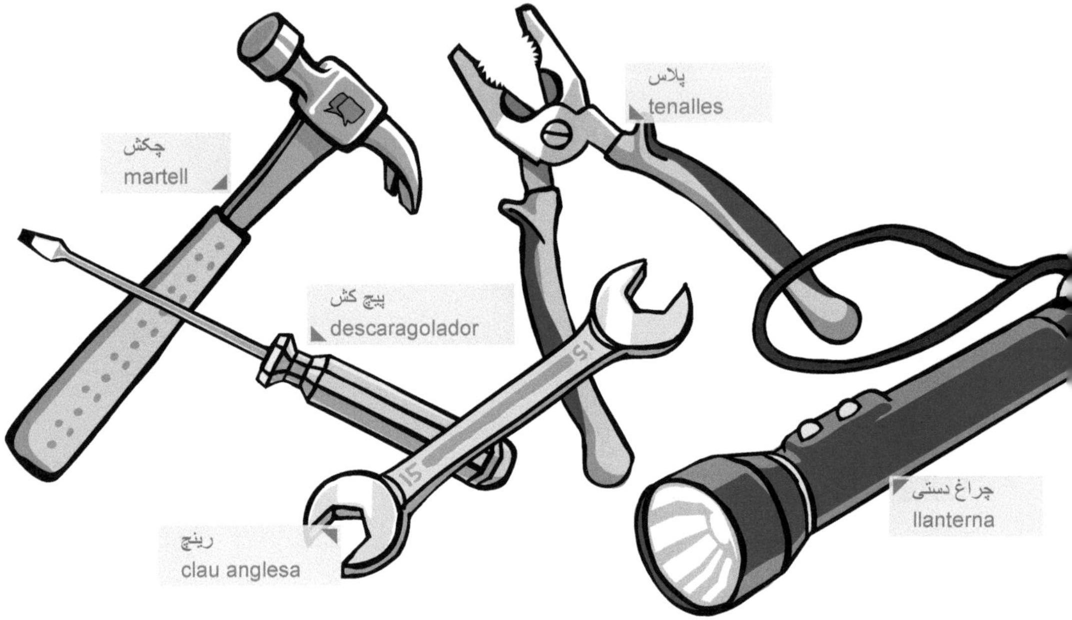

ماشین حفاری

excavadora

جعبه ابزار

caixa d'eines

زینه

escala

اره

serra

میخ

claus

برمه

trepant

ترمیم کردن

reparar

بیل

pala

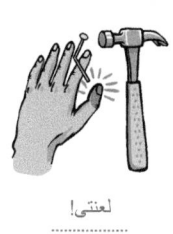

لعنتی!

Maleït siga!

خاکروبه

pala

سطل رنگ

pot de pintura

پیچ

caragols

آلات موسیقی

instrument de música

بلندگو
altaveu

درام کیت
bateria

گیتار
guitarra

کنترباس
contrabaix

ترومپت
trompeta

پیانو

piano

وایلن

violí

گیتار بیس

baix

دهل

timbal

دول

tambor

پیانوی برقی

teclat

ساکسوفون

saxofon

توله

flauta

میکروفون

micròfon

آلات موسیقی - instrument de música

باغ وحش
ZOO

ورودی
entrada
ببر
tigre
قفس
gàbia
گوره خر
zebra
غذای حیوانات
aliment per a animals
پاندا
ós panda

حیوانات

animals

فیل

elefant

کانگورو

cangurú

غژ گاو

rinoceront

گوریلا

goril·la

خرس

ós

شتر

camell

شترمرغ

estruç

شیر

lleó

میمون

simi

فلامینگو

flamenc

طوطی

papagai

خرس قطبی

ós polar

پنگوئن

pingüí

کوسه

ca mari

طاووس

paó

مار

serp

تمسا

cocodril

نگهبان باغ وحش

guardià del zoo

سگ آبی

foca

پلنگ خالدار امریکایی

jaguar

اسب کوچک

poni

پلنگ

lleopard

اسب آبی

hipopòtam

زرافه

girafa

عقاب

àliga

خوک وحشی

senglar

ماهی

peix

سنگ پشت

tortuga

شیر دریایی

morsa

روباه

guineu

غزال

gasela

ورزش ها

esports

فوتبال امریکایی
futbol americà
بایسکل سواری
ciclisme
تنیس
tenis
باسکتبال
bàsquet
آب بازی
natació
بوکس
boxa
هاکی روی یخ
hoquei sobre gel

فوتبال

....

futbol americà

بدمینتون

....

bàdminton

ورزشکاری

....

atletisme

هندبال

....

handbol

اسکی

....

esquí

پولو

....

polo

فعالیت ها

activitats

خندیدن
riure
خیز زدن
saltar
بغل کردن
abraçar
راه رفتن
anar
خواندن
cantar
خواب دیدن
somiar
دعا کردن
pregar
بوسیدن
fer un petó

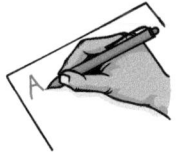

نوشتن

escriure

کشیدن

dibuixar

نشان دادن

mostrar

تیله کردن

pitjar

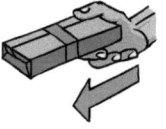

دادن

donar

گرفتن

prendre

داشتن

tenir

انجام دادن

fer

بودن

ésser

ایستادن

estar dret

دویدن

córrer

کش کردن

estirar

پرتاب کردن

llançar

افتادن

caure

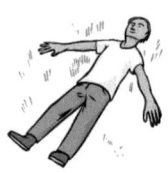

دروغ گفتن

jeure

صبر کردن

esperar

حمل کردن

portar

نشستن

asseure's

لباس پوشیدن

vestir-se

خوابیدن

dormir

بیدار شدن

despertar-se

نگاه کردن

mirar

گریه کردن

plorar

ضربه زدن

amoixar

شانه کردن

pentinar

صحبت کردن

parlar

فهمیدن

comprendre

پرسیدن

demanar

گوش دادن

escoltar

نوشیدن

beure

خوردن

menjar

مرتب کردن

endreçar

عشق ورزیدن

estimar

پختن

cuinar

راننده گی کردن

conduir

پرواز کردن

volar

روی آب حرکت کردن

navegar

حساب کردن

calcular

خواندن

llegir

یاد گرفتن

aprendre

کار کردن

treballar

ازدواج کردن

casar-se

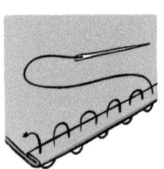

دوختن

cosir

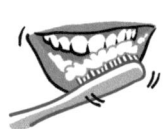

برس کردن دندان ها

raspallar-se les dents

کشتن

matar

سگریت کشیدن

fumar

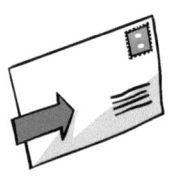

فرستادن

enviar

فامیل
família

مادرکلان
àvia
پدرکلان
avi
پدر
pare
مادر
mare
نوزاد
nadó
دختر
filla
پسر
fill

مهمان

convidat

عمه / خاله

tia

ماما/کاکا

oncle

برادر

germà

خواهر

germana

بدن
cos

پیشانی
front
چشم
ull
شانه
espatlla
انگشت
dit
روی
cara
زنخ
barbeta
دست
mà
سینه
pit
پا
cama
بازو
braç

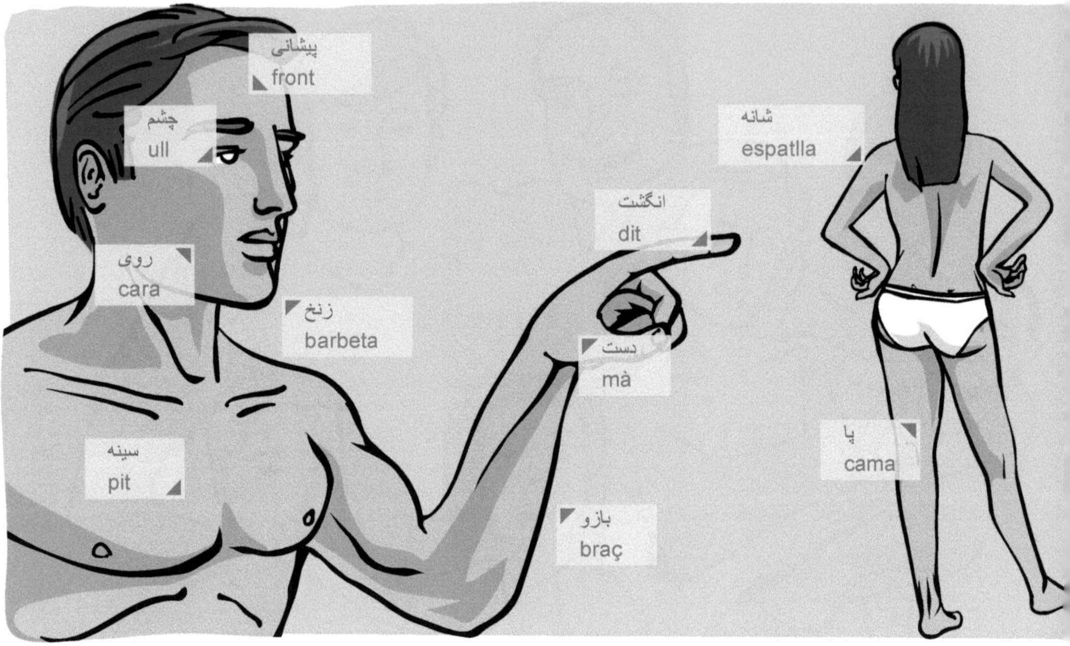

نوزاد

nadó

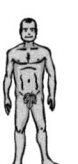

مرد

home

زن

dona

دختر

noia

پسر

noi

سر

cap

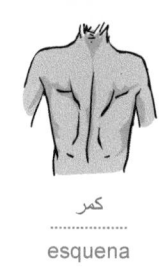

كمر

esquena

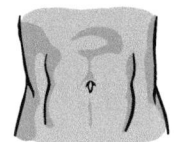

شكم

panxa

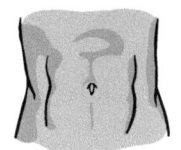

ناف

melic

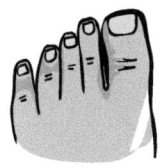

انگشت پا

dit gros del peu

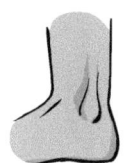

كوری پای

taló

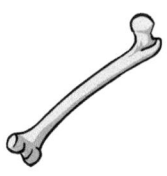

استخوان

os

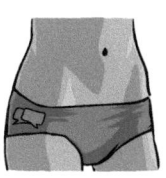

كمر

maluc

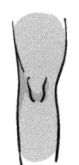

زانو

genoll

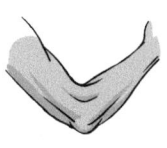

آرنج

colze

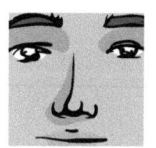

بینی

nas

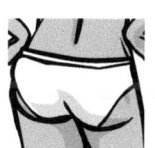

سرین

cul

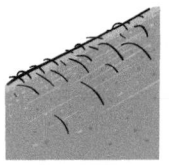

پوست

pell

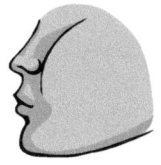

كومه

galta

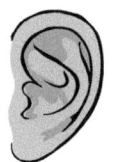

گوش

orella

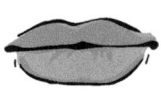

لب

llavi

دهان

boca

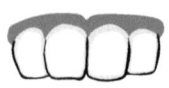

دندان

dent

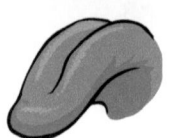

زبان

llengua

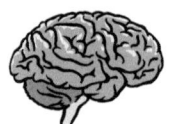

مغز

cervell

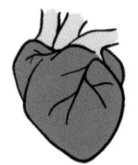

قلب

cor

عضله

múscul

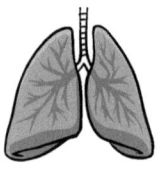

شش

pulmó

جگر

fetge

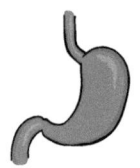

معده

estómac

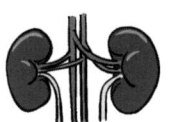

گرده

ronyó

رابطه جنسی

relació sexual

کاندوم

preservatiu

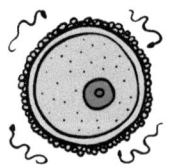

تخمه

ovari

آب منی

semen

حاملگی

prenyat

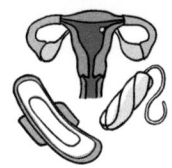

قاعده گی
....
menstruació

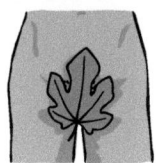

مجرای تناسلی زن
....
vagina

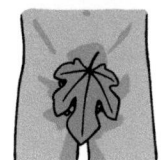

آلت تناسلی مرد
....
penis

ابرو
....
cella

مو
....
cabells

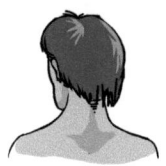

گردن
....
coll

شفاخانه

hospital

hospital
آمبولانس
ambulància
چوکی چرخدار
cadira de rodes
شکستگی
fractura

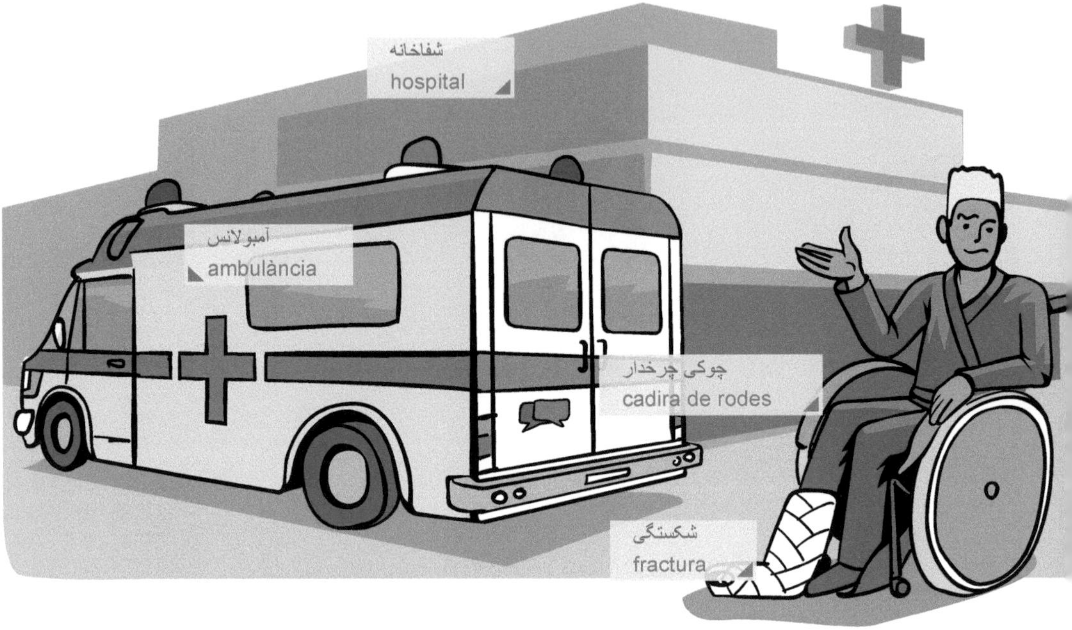

داکتر

doctora

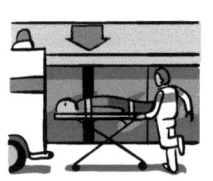

اطاق عاجل

sala d'urgències

نرس

infermera

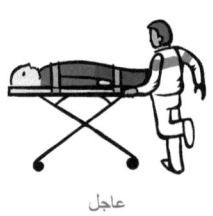

عاجل

urgència

بیهوش

inconscient

درد

dolor

جراحت

ferida

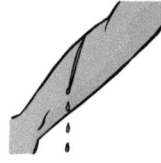

خونریزی

sagnament

حمله قلبی

atac de cor

سکته مغزی

apoplexia

حساسیت

al·lèrgia

سرفه

tos

تب

febre

انفلوانزا

gripa

اسهال

diarrea

سردرد

mal de cap

سرطان

càncer

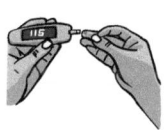

شکر

diabetis

جراح

cirurgià

چاقوی جراحی

escalpel

عملیات

operació

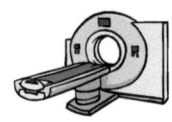

سی تی

tomografia computada (TC), TAC

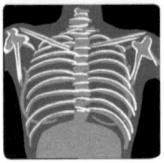

ایکسری

raigs x

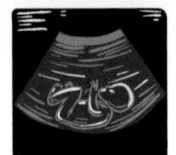

سونوگرافی

ultrasò

ماسک روی

mascareta

مریضی

malaltia

اطاق انتظار

sala d'espera

عصا

crossa

گچ

tireta

پانسمان

embenat

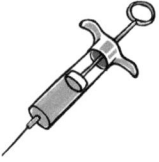

تزریق

injecció

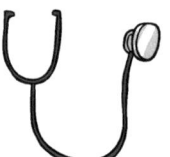

استاتسکوپ

estetoscopi

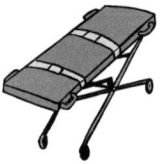

تذکره

llitera

ترمامیتر کلینیکی

termòmetre clínic

تولد

pariment

اضافه وزن

sobrepès

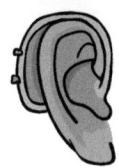

سمعک

aparell auditiu

ضدعفونی کننده

desinfectant

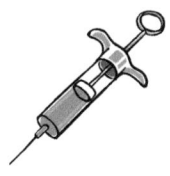

عفونت

infecció

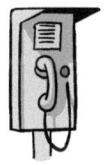

وایروس

virus

اچ آی وی / ایدز

VIH / SIDA

ادویه

medicina

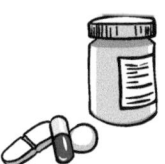

واکسیناسیون

vaccí

تابلیت ها

comprimits

تابلیت

píl·lola

تماس اضطراری

trucada d'urgència

مانیتور فشار خون

tensiòmetre

بیمار / سالم

malalt / sà

urgència

کمک!

Socors!

زنگ هشدار

alarma

تجاوز

assalt

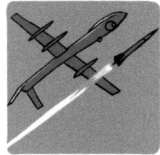

حمله

atac

خطر

perill

خروج اضطراری

sortida-eixida d'urgència

آتش!

Foc!

آله ضد حریق

extintor

حادثه

accident

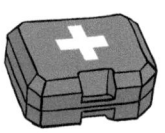

بکسه کمک های اولیه

farmaciola de primers auxilis

پیام اضطراری

SOS

پولیس

policia

زمین

terra

اروپا

Europa

امریکای شمالی

Amèrica del Nord

امریکای جنوبی

Amèrica del Sud

آفریقا

Àfrica

آسیا

Àsia

استرالیا

Austràlia

اقیانوس اطلس

Atlàntic

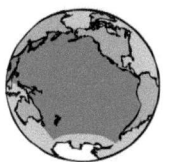

اقیانوس آرام

Pacífic

اقیانوس هند

Oceà Índic

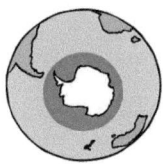

اقیانوس منجمد جنوبی

Oceà Antàrtic

اقیانوس منجمد شمالی

Oceà Àrtic

قطب شمال

pol nord

قطب جنوب

pol sud

قاره قطب جنوب

Antàrtida

زمین

terra

خشکی

país

دریا

mar

جزیره

illa

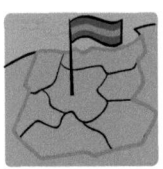

ملت

nació

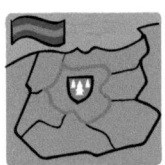

کشور

estat

rellotge

روی ساعت

....

quadrant

عقربه ساعت شمار

....

agulla de les hores

عقربه دقیقه شمار

....

agulla dels minuts

عقربه ثانیه شمار

....

agulla dels segons

ساعت چند است؟

....

Quina hora és?

روز

....

dia

زمان

....

temps

اکنون

....

ara

ساعت دستی دیجیتل

....

rellotge digital

دقیقه

....

minut

ساعت

....

hora

هفته

setmana

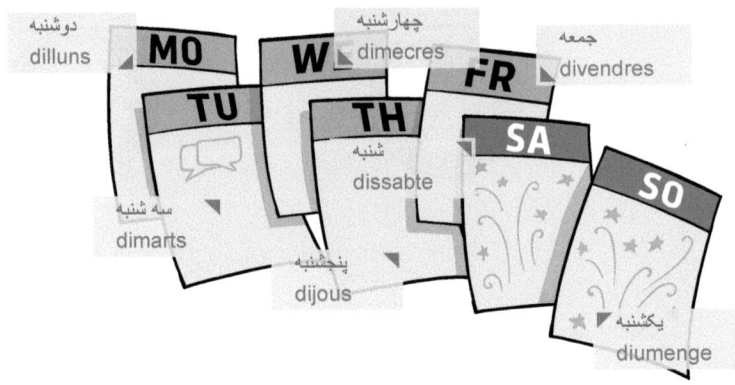

دوشنبه
dilluns

چهارشنبه
dimecres

جمعه
divendres

سه شنبه
dimarts

شنبه
dissabte

پنجشنبه
dijous

یکشنبه
diumenge

دیروز
....
ahir

امروز
....
avui

فردا
....
demà

صبح
....
matí

ظهر
....
migdia

غروب
....
tarda

روزهای کاری
....
dia feiner

آخر هفته
....
cap de setmana

سال
any

باران
pluja
رنگین کمان
arc de Sant Martí
شمال
vent
برف
neu
بهار
primavera
خزان
tardor
تابستان
estiu
زمستان
hivern

4.APRIL 11°
5.APRIL 4°
6.APRIL 13°
7.APRIL 8°
8.APRIL 10°

پیش بینی آب و هوا
....
pronòstic del temps

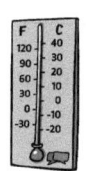

C
0
10
0
-10

ترمامیتر
....
termòmetre

آفتاب
....
llum del sol

ابر
....
núvol

غبار
....
boira

رطوبت
....
humiditat de l'aire

رعد و برق

llamp

الماسک

tro

طوفان

tempesta

ژاله

calamarsa

موسم بارندگی

monsó

سیل

inundació

یخ

gel

جنوری

gener

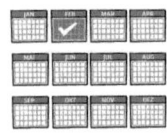

فبروری

febrer

مارچ

març

اپریل

abril

می

maig

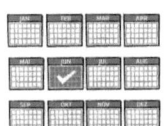

جون

juny

جولای

juliol

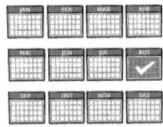

اگست

agost

سپتمبر
....
setembre

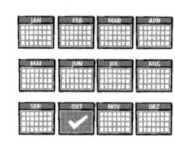

اکتوبر
....
octubre

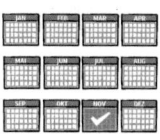

نومبر
....
novembre

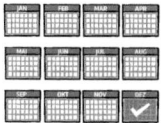

دسمبر
....
desembre

شکل ها

formes

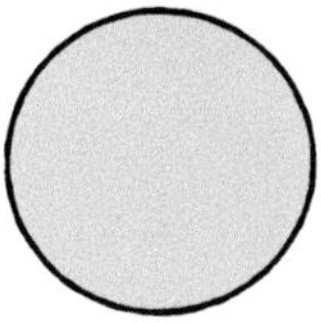

دایره
....
cercle

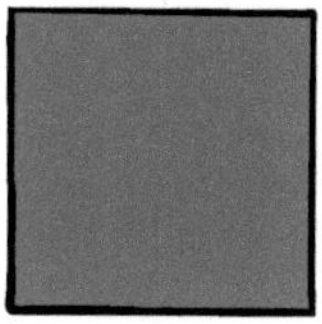

مربع
....
quadrat

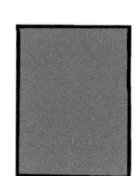

مستطیل
....
rectangle

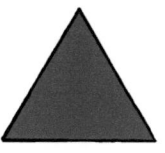

مثلث
....
triangle

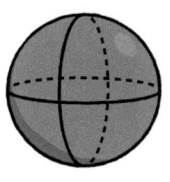

کره
....
esfera

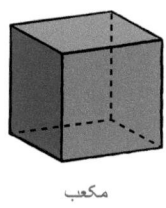

مکعب
....
cub

رنگ ها

colors

سفید

blanc

زرد

groc

نارنجی

taronja

گلابی

rosa

سرخ

vermell

بنفش

lila

آبی

blau

سبز

verd

نصواری/قهوه یی

marró

خاکستری

gris

سیاه

negre

متضاد ها

oposats

زیاد / کم

....

molt / poc

عصبانی / آرام

....

emprenyat / tranquil

مقبول / بدرنگ

....

bonic / lleig

آغاز / پایان

....

començament / fi

بزرگ / کوچک

....

gran / petit

روشن / تیره

....

clar / fosc

برادر / خواهر

....

germà / germana

پاک / کثیف

....

net / brut

کامل / ناقص

....

complet / incomplet

روز / شب

....

dia / nit

مرده / زنده

....

mort / viu

عریض / باریک

....

ample / estret

خوراکی / غیر خوراکی

comestible / immenjable

عصبانی / دوستانه

dolent / amable

هیجان زده / کسل

entusiasmat / entediat

چاق / لاغر

gros / prim

اول / آخر

primer / darrer

دوست / دشمن

amic / enemic

پر / خالی

ple / buit

سخت / نرم

dur / tou

سنگین / سبک

pesant / lleuger

گرسنگی / تشنگی

gana / set

بیمار / سالم

malalt / sà

غیر قانونی / قانونی

il·legal / legal

باهوش / احمق

intel·ligent / ximple

چپ / راست

esquerra / dreta

نزدیک / دور

prop / llunyà

نو / کهنه

nou / usat

هیچ چیز / چیزی

res / quelcom

پیر / جوان

vell / jove

روشن / خاموش

encès / apagat

باز / بسته

obert / tancat

بی صدا / پر سر و صدا

silenciós / sorollós

ثروتمند / فقیر

ric / pobre

صحیح / غلط

correcte / incorrecte

ناهموار / هموار

aspre / suau

غمگین / خوشحال

trist / content

کوتاه / بلند

curt / llarg

آهسته / سریع

lent / ràpid

تر / خشک

humit / sec - eixut

گرم / سرد

calent / fred

جنگ / صلح

guerra / pau

اعداد

nombres

0
صفر
zero

1
یک
u

2
دو
dos

3
سه
tres

4
چهار
quatre

5
پنج
cinc

6
شش
sis

7
هفت
set

8
هشت
vuit

9
نه
nou

10
ده
deu

11
یازده
onze

12

دوازده
dotze

13

سیزده
tretze

14

چهارده
catorze

15

پانزده
quinze

16

شانزده
setze

17

هفده
disset

18

هجده
divuit

19

نوزده
dinou

20

بیست
vint

100

صد
cent

1.000

هزار
mil

1.000.000

میلیون
milió

زبان ها
llengües

انگلیسی

anglès

انگلیسی امریکایی

anglès americà

چینی ماندارین

xinès mandarí

هندی

hindi

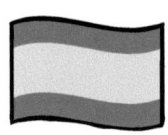

اسپانیایی

espanyol

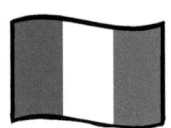

فرانسوی

francès

عربی

àrab

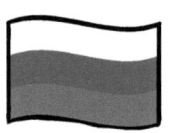

روسی

rus

پرتغالی

portuguès

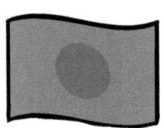

بنگالی

bengalí

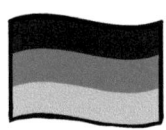

آلمانی

alemany

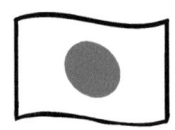

جاپانی

japonès

کی/چی/چطور
qui / què / com

من

jo

شما

tu

او / او / آن

ell / ella / allò

ما

nosaltres

شما

vosaltres

آن ها

ells

کی؟

qui?

چی؟

què?

چطور؟

com?

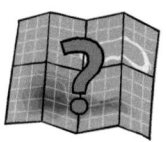

کجا؟

on?

چه وقت؟

quan?

HELLO, I AM

اسم

nom

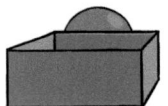

کجا

on

عقب

darrere

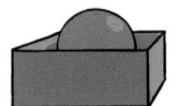

در

en

پیش روی

davant de

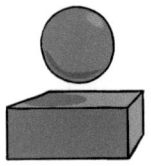

بالا

damunt

روی

sobre

زیر

sota

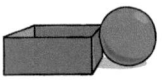

پهلو

al costat

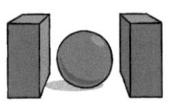

میان

entre

محل

lloc